EXPOSITION UNIVERSELLE
DE 1867

COMPTE-RENDU

PRÉSENTÉ

PAR QUELQUES PATRONS, CONTRE-MAITRES ET OUVRIERS

APPARTENANT AUX DIVERSES INDUSTRIES DE SAINT-ÉTIENNE

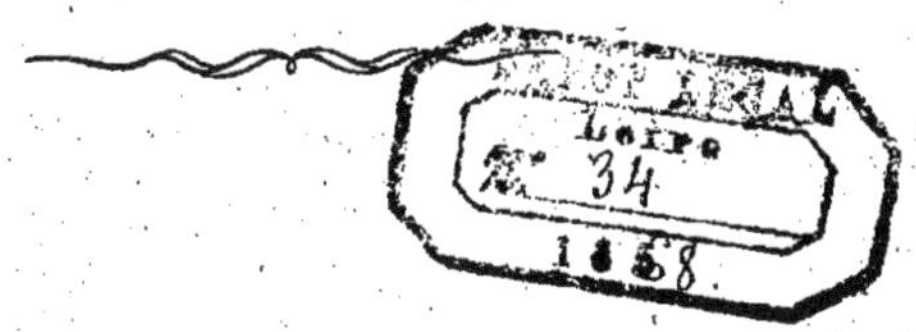

SAINT-ÉTIENNE
IMPRIMERIE DE Vᵉ THÉOLIER ET Cⁱᵉ,
Rue Gérentet, 12.
1868

NOTE DE L'ÉDITEUR

La présente publication n'a pas la prétention d'offrir aux lecteurs un travail complet sur l'Exposition universelle en ce qui touche même les industries stéphanoises. Le recueil des rapports qui doivent être publiés par la Chambre de Commerce de Saint-Etienne offrira sans doute des documents plus étendus et plus complets. Les comptes-rendus que nous publions renferment toutefois des renseignements et des appréciations pratiques qui peuvent profiter à l'intérêt commun. C'est à ce titre et dans ce but que nous leur donnons la publicité qui doit les porter à la connaissance des nombreux lecteurs préoccupés de l'avenir de nos industries.

EXPOSITION UNIVERSELLE DE 1867

COMPTE-RENDU

PRÉSENTÉ

PAR QUELQUES PATRONS, CONTRE-MAITRES ET OUVRIERS

APPARTENANT AUX DIVERSES INDUSTRIES
DE SAINT-ÉTIENNE

MONSIEUR,

Vous avez bien voulu nous donner le moyen de visiter, dans l'intérêt du pays, l'Exposition universelle de 1867. Dans un but de reconnaissance personnelle, et préoccupés du désir d'être utiles à notre ville, nous croyons devoir vous soumettre nos impressions ; heureux si nos faibles connaissances spéciales et nos études peuvent jeter quelques lumières sur la situation de la fabrique en face de la concurrence étrangère et sur les efforts que nécessite cette concurrence.

Nous avons réuni, sous divers titres, nos appréciations, chaque titre indiquant l'objet de l'examen auquel nous nous sommes livrés.

RUBANS.

Nous avons dû consacrer notre première visite à l'étude des vitrines de Saint-Etienne. C'était là un point de départ nécessaire pour juger du progrès de nos concurrents depuis l'exposition de Londres en 1862.

Nous avons eu beaucoup de peine à trouver ces vitrines. Elles étaient reléguées dans un coin presque obscur qu'on pouvait traverser plusieurs fois avant de les apercevoir. A leur vue, toutefois, nous sentîmes s'éveiller en nous l'orgueil et l'amour du pays. C'était bien là le sanctuaire de la fabrique réunissant à la fois les œuvres de bon goût et les créations les plus ingénieuses et les plus intelligentes au point de vue technique.

Nous ne pouvons nommer ici tous les fabricants exposants. Nous vous parlerons de ceux qui, par l'éclat de leur exposition, ont attiré le plus nos regards. Citons, en première ligne,

MM. Gérentet et Coignet qui avaient vraiment une place d'honneur au centre du passage conduisant dans le carré réservé à la fabrique stéphanoise.

Nous ne parlerons pas longuement des rubans vraiment artistiques et d'une fabrication irréprochable que renfermait la vitrine de MM. Gérentet et Coignet. Ces produits supérieurs sont assez connus dans notre ville et n'ont pas besoin de notre propre éloge. Il nous suffira de dire que, durant nos visites, les rubans étalés avec grâce, nous sommes tentés de dire : avec majesté, arrachaient aux passants des cris d'admiration. Nous étions fiers de ces ovations que nous semblions partager.

A droite de cette première vitrine était celle de MM. Bodoy et Jacquemond ; à gauche, celles de MM. Larcher-Faure, Troyet, Preynat et Rozier. On avait choisi là des compagnons bien dignes de soutenir la réputation de la fabrique stéphanoise. Leurs expositions d'articles variés servait de pendants agréables aux produits qui occupaient le centre.

Dans un autre genre, M. A. Denis a exposé des passementeries pour dames d'un mérite et d'un goût parfaits. Les imitations de fourrures astrakan font véritablement illusion. Nous avons été bien surpris et nous regrettons qu'il n'ait pas obtenu une récompense plus élevée.

M. Fleury fils et MM. Penel-Lacour et Dufour, dans le même genre passementeries, ont également exposé de bien belles choses et bien estimables pour un connaisseur.

M. Belingard est un fabricant artiste dont les produits se distinguent par leur originalité et l'application heureuse de tous nos moyens de fabrication. Ils sont évidemment d'un grand secours pour les toilettes recherchées..

L'application de nos métiers à tisser à l'article pantouffle a été heureusement tentée par M. Delcros. Ce tissage de grosses laines appliqué à un article courant et imitant parfaitement la broderie nous a paru appelé à un véritable succès. Il est susceptible, sans doute, de perfectionnement; mais on peut dire que le plus difficile est fait. M. Delcros persévérera à coup sûr dans la voie où il est entré.

Venait ensuite l'exposition de la Société des Rubaniers que nous avons reconnue au dessin qu'elle a fait exécuter à tant de frais pour cette occasion.

Le médaillon de cette vitrine, pièce principale, est une miniature d'un fini de mise en carte et d'une délicatesse de composition qui dénotent dans son créateur un artiste distingué. Il est à regretter que cette œuvre n'ait pas été mieux mise en évidence et soit comme perdue entre deux rangées de vitrines; la place qu'elle occupait, au fond des compartiments, ne permettait pas d'en apprécier suffisamment tous les détails.

Nous avons été quelque peu surpris en voyant le seul nom du gérant, M. Dessale, sur la vitrine. Il nous a semblé que M. Dessale aurait fait preuve de bon goût en n'omettant pas le nom de la société qu'il dirige et qui est, à bon droit, fière de ses œuvres. La vraie inscription à mettre aurait dû être, à notre sens, celle-ci :

Sociéte des Rubaniers de Saint-Étienne.
Dessale, gérant.

Chacun eût été à sa place et personne n'eût été mécontent.

Nous avons vu avec un vif intérêt les écharpes imprimées sur satin grège de la maison Barallon et Brossard. En présence de pareils produits, il faut connaître la fabrique et ses difficultés pour ne pas être tenté de confondre ces tissus au coloris éclatant et au dessin bien accusé, avec les plus beaux brochés que nous ayons admirés dans les premières vitrines de Saint-Etienne.

Après les éloges qui précèdent, éloges sincères et mérités, nous nous permettrons d'adresser aux exposants stéphanois, dont les produits n'ont pas été suffisamment récompensés, un reproche qu'ils doivent nous pardonner à cause du sentiment qui le dicte ; c'est d'avoir laissé leurs vitrines dans un complet abandon et de n'avoir pas, comme l'ont fait quelques-uns seulement, changé de temps en temps les rubans les plus saillants de leur exposition, dont la fraîcheur et l'éclat étaient malheureusement compromis soit par les ardeurs du soleil ou les variations de la température, soit par la poussière qui venait ternir leurs fraîches couleurs.

Un juste mécontentement peut bien expliquer cette manière de faire, mais il ne l'excuse pas, parce qu'avant tout il s'agit de soutenir l'honneur de son pays et de faire conserver aux étrangers la haute opinion qu'ils ont conçue de notre fabrication et de notre bon goût ; tous les visiteurs n'ont pu assister à l'inauguration de l'Exposition, alors que nos vitrines étaient fraîches, éclatantes de coloris, et il est bien certain que, durant les derniers mois, les nouveaux venus, jugeant sur les apparences, voyant les couleurs ternies et défleuries de tant de rubans, ont pu attribuer cette infériorité à la négligence de la fabrication et à une teinture sans éclat.

Pendant que nous suivions de nouveau, avec une attention minutieuse, les vitrines stéphanoises, nous avons eu l'heureuse chance de rencontrer un membre de la Chambre de commerce, M. Ennemond Richard, de St-Chamond, qui comprit, à notre vieux langage, que nous étions des enfants de Saint-Etienne. Vous aviez eu, Monsieur, le soin de le prévenir de notre présence à Paris. Il s'est mis avec empressement à notre disposition et nous a montré bien des articles intéressants pour nous qu'il n'avait découverts lui-même qu'après plus de deux mois de visites à l'Exposition. Il nous conduisit, notamment, aux expositions de rubans suisse, anglaise, autrichienne et prussienne, que nous avons pu ensuite étudier à loisir.

La vitrine collective des rubans suisses était bien comprise et disposée de façon à produire beaucoup d'effet. Elle recevait le jour par le haut, et les rubans déployés pendaient, pour ainsi dire, pêle-mêle sans qu'aucun nom de fabricant apparût.

Dans cette collection de rubans, nous n'avons remarqué que des tissus très-ordinaires et d'une conception mesquine, à quatre navettes au plus. La mise en carte et le coloris laissaient à désirer. En un mot, la fabrication nous a paru très-médiocre. Sans avoir pu les vérifier à la main, les qualités nous ont semblé légères et généralement tissées en chaîne souple, organsin gros, avec tramage de matières irrégulières.

Cette imperfection dans le tissu et ce manque de recherche dans la mise en fabrique nous ont porté à penser que MM. les fabricants suisses avaient plutôt exposé pour faire connaître le bon marché de leurs rubans que pour faire ressortir le mérite artistique de leur fabrication.

Mais si telle a été, en effet, leur préoccupation, ils nous paraissent avoir manqué leur but, en omettant de placer sur chaque ruban une étiquette indiquant le prix de la douzaine. En l'absence de toute indication à cet égard, nous n'avons pu fixer notre jugement sur la valeur relative de ces produits, ni établir l'écart entre le prix de revient et la valeur vénale, par comparaison avec les produits stéphanois semblables. Nous ne pouvons dire, en conséquence, la portée de la concurrence qui nous est faite en Suisse.

Nous adresserons aux fabricants suisses le même reproche que nous avons fait à ceux de notre ville, au sujet de l'abandon dans lequel ils ont laissé leur vitrine collective, ne prenant pas même le soin de chasser la poussière.

Quant aux rubans anglais, il n'y a pas lieu de les compter. Ils sont d'une antiquité de conception quant aux dessins et au coloris, à faire croire que cette vitrine est sortie du musée Campana.

Les taffetas dits qualité anglaise, faits avec des titres fermes d'organsin, sont mal fabriqués. Les fausses passures abondent, et l'irrégularité du tramage, brochant sur le tout, fait de ce genre d'article un modèle de mauvaise fabrication. On reconnaît, sans peine, le produit des usines mécaniques à vapeur ou à eau.

Nous n'avons, d'ailleurs, remarqué, dans la vitrine anglaise, aucun ruban exceptionnel préparé pour la circonstance, rien qui eût un cachet d'originalité particulière; partout, de petits effets de chaîne, brochés très-menus, ne montrant ni goût, ni grâce, ni couleur éclatante, tel est le caractère de l'exposition anglaise.

La terrible lutte qui semblait devoir s'engager lors de l'Exposition de Londres, en 1862, paraît avoir cessé devant le progrès de notre fabrique. L'Angleterre a baissé pavillon en ce qui concerne le bon goût et le perfectionnement des produits. Elle semble se résigner à la production la plus courante qui doit entretenir ses usines à vapeur. Ce moyen de production ne saurait rivaliser avec la main et l'intelligence de l'ouvrier stéphanois.

Il nous reste à parler des rubans autrichiens. Vraiment, nous étions loin de nous attendre à trouver autant de perfectionnements accomplis, et nous avons été très-surpris, notamment par l'exposition de MM. Charles Mering et Ce, qui avaient dans leur vitrine quatre rubans, entre autres, d'une conception de dessin, d'une harmonie de couleur et d'un fini de fabrication remarquables.

Un n° 16, groupe de fleurs, un n° 20, rose avec perroquet, tous deux à six navettes, un imprimé n° 80, noir et blanc, parfait d'exécution, enfin un n° 80 à fleurs variées et détachées, d'un beau style, nous ont particulièrement frappés.

En présence de semblables résultats, nous n'avons pu nous empêcher de proclamer cette fabrique comme notre rivale, à peu de chose près.

Peut-être, le principal avantage de la fabrication autrichienne provient-il d'une cause qu'il ne faut pas taire. Tous les frais de perfectionnement des métiers sont faits par le fabricant lui-même, et de ses propres fonds. — L'ouvrier, pourvu ainsi d'un bon instrument, ne peut pas moins faire que de fabriquer convenablement. Tout le monde sait comment les choses se passent à Saint-Etienne, et combien le perfectionnement des métiers coûte à l'ouvrier Nous croyons être dans la vérité en disant que les progrès de notre fabrique sont dûs plutôt aux efforts des passementiers qu'à ceux des négociants. Chez nous, en effet, l'ouvrier ne recule devant aucun sacrifice pour transformer ses métiers selon les besoins de la fabrication et le caprice de la mode. C'est ainsi, et à grand'-peine, que nous gardons notre supériorité en face des fabriques étrangères. Mais les ressources de l'ouvrier sont bornées et il ne lui est pas toujours loisible de faire les sacrifices nécessaires pour améliorer son instrument.

Comme rubans unis, fabriqués dans des usines, nous signalerons ceux de M. Sébastien Wilharin, de Soultz, qui nous ont plu par leur belle et régulière qualité.

Nous citerons encore les jolis rubans écossais à disposition de MM. Bary, Mercanet fils, Gubviller, de Soultz, d'une bonne exécution et bien compris comme coloris.

VELOURS.

Notre fabrique de velours était dignement et noblement représentée à l'Exposition. Cette branche importante de notre industrie locale a fait depuis quelques années des progrès immenses, dûs à l'intelligence, au bon goût, aux efforts des fabricants et des ouvriers.

Qui aurait dit, il y a vingt ans, alors que, à part celles qui faisaient l'article de montagne, toutes les maisons ne produisaient que des velours unis à picot ou sans picot, qu'on arriverait un jour à orner les bords des velours de vraies petites miniatures et de tours de force de fabrique? Nos anciens veloutiers auraient traité d'insensés ceux qui auraient osé entrer dans cette voie d'amélioration, et cependant, aujourd'hui, le fabricant veloutier a franchi toute distance. Son rôle n'est plus d'être producteur au meilleur marché possible d'une marchandise unie, à laquelle le goût et l'imagination restaient étrangers. A force de recherches et d'intelligence il est devenu innovateur et véritablement artiste.

A qui l'honneur de ce progrès inappréciable,

à qui la palme de ce succès pour un article humble et souvent délaissé qui glissait lentement de nos mains pour aller s'implanter sur le sol étranger, où l'appelait le bon marché de la main d'œuvre ? Nous le disons hautement : cet honneur revient à la maison Jean-Baptiste David. Cette maison a bien mérité de ses concitoyens. Elle a ramené à la vie un article presque éteint et l'a conservé plus assuré, plus fructueux, plus fécond à notre ville.

La maison Jean-Baptiste David a débuté dans cette voie nouvelle par des bords ronds, satin couleur sur velours noir. Aujourd'hui, elle ne connaît plus de limites à ses innovations et à ses recherches vraiment artistiques. Depuis la création de ces articles elle a plus que doublé son matériel de métiers, et son nom, déjà connu dans les cinq parties du monde, grandit sans cesse avec celui de notre fabrique.

L'exposition de la maison Jean-Baptiste David étalait une profusion de bords, de dispositions d'un goût exquis, où se révélait dans le moindre détail l'art consommé de la fabrication.

Nous ne pouvons nous empêcher d'exprimer ici un regret, regret bien sincère, c'est qu'une maison si méritante n'ait pas obtenu à l'Exposition universelle la distinction honorifique qui est, d'ordinaire, la récompense de grands services industriels et commerciaux rendus au pays.

MM. Giron frères ont été plus heureux. Eux aussi étaient dignes de cette récompense, car ils ont rendu à notre fabrique des services qui ne devront jamais être oubliés. C'est à leur excellente fabrication et à leur persévérance hardie que Saint-Etienne doit principalement la place que nous tenons sur le marché anglais, malgré la concurrence acharnée des Allemands.

Non contents de ce succès, ils ont donné la plus grande extension à leur commerce en Amérique, surtout aux Etats-Unis, où leurs velours acquièrent chaque jour une réputation plus étendue et bien méritée. Ils expédient même en Chine, dans l'Inde et au Japon.

Leur composition était splendide et variée à l'infini par ces petits riens qui constituent dans cet article de vraies nouveautés. Nous avons admiré la régularité et la bonne exécution de ces difficultés de fabrique.

Nous ne parlerons pas en détail des autres vitrines du velours stéphanois. Elles contenaient les produits les plus variés. L'impulsion donnée au velours nouveauté a excité une généreuse émulation et les efforts faits par chacun ont été couronnés de succès. Nous devons être fiers de notre fabrique de velours comme de notre fabrique de rubans.

De toutes les fabriques étrangères, nous ne citerons qu'une seule maison, la maison Fritz Diergard (Prusse), qui a exposé de très-beaux velours, entre autres un article sur fond satin façonné avec relief en velours. Cette œuvre était d'une perfection de tissu et d'une richesse très-rares.

Nous ne croyons pas céder au simple patriotisme en disant que le velours stéphanois tenait le premier rang à l'Exposition parmi les produits du même article.

Un mot, en finissant, des velours de montagne de MM. Dugnat et Gauthier. Nous n'avons jamais rien vu de plus chatoyant, de plus frais, de plus gracieux que ces belles teintes rubis, bleuet, ponceau, etc., que laissait voir leur vitrine. Joignez à cela des dispositions de dessins très-simples, d'un goût parfait, qui sont le cachet distinctif d'une bonne fabrication.

TISSUS ÉLASTISQUES.

Pour les tissus élastisques, l'avantage est aux Anglais, et nous serons leurs tributaires tant que nous n'aurons pas une matière premiére égale à celle qu'ils emploient.

Nous signalons notre infériorité afin qu'il y soit porté remède et nous espérons que la Chambre de commerce, prenant l'initiative, rendra au pays l'éminent service de faire étudier sérieusement la question suivante :

Pourquoi les gommes anglaises sont-elles meilleures que celles fabriquées en France ?

Que cette grave question soit soumise à l'étude de chimistes habiles et que leurs rapports précis et circonstanciés nous éclairent sur la cause d'infériorité de la matière première qui donne l'élasticité et la solidité aux tissus.

Nous verrions avec plaisir la Chambre de commerce convoquer tous les fabricants de tissus élastiques de Saint-Etienne, afin d'arrêter avec eux les points à rechercher dans l'étude du problème.

Le nombre des métiers pour cet article, dans

notre pays, est d'environ 400. L'Angleterre en possède plus de 1,000. Nous ne sommes pas inférieurs aux Anglais pour l'adresse dans le tissage. Il reste donc à améliorer les gommes françaises pour que nous n'ayons rien à redouter de la concurrence.

Voici maintenant notre jugement sur les tissus anglais :

Georges Holme Batty, Street mill, à Derby.

Tissus élastiques épinglés et façonnés, d'un vrai mérite comme fabrication, irréprochables comme godures.

Fabrique de Coventry :

Nous avons vu 2 pièces de 13 centimètres à 2 navettes parfaites sous tous les rapports, bien que fabriquées par usine à vapeur.

Barrs et Tooby, de Manchester :

Tissus mécaniques ne valant pas les premiers, mais bien supérieurs aux nôtres.

Les autres exposants anglais ne sont pas à citer comme fabrication hors ligne; une remarque que nous avons faite et qui mérite d'être signalée, c'est le nombre des matières et des armures que les Anglais emploient dans ce genre de tissus : laine mate, mérinos, laine brillante, poil de chèvre, silk Mohair, coton, lin, fantaisies de toutes sortes, permettant les combinaisons les plus variées et donnant des teintes souvent très-heureuses.

Notre exposition stéphanoise de tissus élastiques n'étalait que l'armure ordinaire, et pour les variantes du tramage, la soie, la fantaisie ou le coton.

Ces variétés, dans l'article anglais, imitant, pour la plupart, les tissus employés pour la confection des bottines, déguisent la partie élastique. Ils doivent être de bonne vente et de consommation solide.

Nous devons signaler également, comme une maison importante, MM. Spolk et Daublin, de Mulhouse. Leur exposition dénote des fabricants habiles. Nés d'hier, ils sont parvenus de suite aux premiers rangs par la beauté de leur tissu.

Ces industriels possèdent une usine marchant à la vapeur, dans laquelle ils préparent eux-mêmes leurs gommes, et où les métiers à tisser sont mûs mécaniquement.

Nous n'avons rien à ajouter au sujet des exposants stéphanois, dont le mérite relatif est suffisamment connu dans notre ville. Nous devons dire seulement que nous avons été surpris de ne pas rencontrer à l'Exposition les produits de ceux qui ont la plus grande réputation dans ce genre d'article. Ces maisons, qui emploient les gommes anglaises, auraient pu défendre l'honneur du pays, en paraissant, sans trop de désavantage, à côté des producteurs étrangers. Quelque soit le motif de cette abstention, nous ne pouvons que la blâmer.

En terminant nos observations, nous croyons devoir attirer l'attention de la Chambre de commerce sur les inconvénients graves que présente, au point de vue de la santé, l'emploi de la mine de plomb dans la fabrication des tissus élastiques. Ces inconvénients sont-ils aussi graves qu'on le prétend? Peut-on remplacer la mine de plomb par une matière qui ne soit aucunement nuisible à la santé de l'ouvrier? Tel est le problème qu'il conviendrait d'étudier.

LISAGE.

Nous avons pu apprécier, à l'Exposition, un métier de lisage piquant en même temps que le dessin se lit. Ce mode de lisage, d'une invention récente, nous a paru d'un mérite sérieux. Il consiste en un système d'accrochage; lisage et piquage se trouvent réunis dans le même instrument.

A ce lisage est adaptée une mécanique Jacquard ordinaire, servant à recopier les dessins. Le dessin, qui serait lu dans la méthode ordinaire sur des cartons Jacquard, est transmis, sans difficulté aucune, sur le papier sans fin du nouveau système.

Il sera facile d'appliquer ce système dans les grandes usines où l'on crée à nouveau tout le matériel approprié au genre que l'on veut fabriquer. Il est regrettable qu'on ne puisse l'adopter dans les ateliers qui possèdent déjà leur outillage.

La transformation d'un matériel comme celui qui existe à Saint-Etienne exigerait, pour l'introduction seule du nouveau mode de lisage et l'application du système, une dépense de plusieurs millions.

L'emploi du papier sans fin, qui est l'un des éléments de l'invention exposée, supprime nos cartons enlacés. Il ne peut être appliqué qu'à des métiers spéciaux d'un fini et d'une délicatesse qui n'existent pas dans nos métiers. Dans nos mécanismes à la Jacquard, la seule pression du cylindre contre les aiguilles fait percer très-souvent des cartons vingt fois plus épais que le papier sans fin. L'application du nouveau procédé est, dès lors, impossible avec nos instruments. Ce n'est pas la faute du procédé. Nos métiers ont une brutalité de mouvements qui ferait croire qu'ils sortent d'une main novice en fait de mécanique. Tant que nous conserverons ces métiers, nous ne devons pas songer à profiter de ce progrès. Nous le disons à contre-cœur : certains métiers à tisser les étoffes façonnées, que nous avons vus à l'Exposition, sont des œuvres rares de précision, de douceur, de jeu facile, ce qui permet l'emploi d'un simple papier et procure une économie incontestable sur l'emploi de nos cartons ordinaires.

Ces mécaniques délicates présentent, du reste, un autre avantage, savoir : le peu d'espace qu'elles occupent et la quantité considérable de crochets qu'on peut y mettre, ce qui peut doubler ou tripler le nombre des cordes sans que la mécanique soit plus grande que celle de nos 1200 à 1500.

LACETS.

Nous n'avons à présenter que de courtes observations, à raison du peu de connaissances spéciales que nous avons dans ce genre de tissu.

M. Ennemond Richard, fabricant lui-même, a eu l'obligeance de nous faire visiter une vitrine prussienne renfermant les produits de M. Bartels-Dierich. Sans être du métier, nous avons pu apprécier la variété des produits de cette fabrique, dont la réunion constituait bien la plus méritante de toutes les expositions dans ce genre. Notre guide lui-même, dont chacun connaît le savoir en cette matière, ne pouvait se lasser d'admirer cette exposition, à cause de la nouveauté des articles et des ingénieuses combinaisons de mécanisme qui les avaient produits.

Nous sommes persuadés que la fabrique de Saint-Chamond aura trouvé, dans cette vitrine, matière à de nombreux perfectionnements dans le matériel, aussi bien que dans les dispositions nouvelles et heureuses à imiter.

Il est utile que nous signalions à MM. les fabricants de lacets une machine de MM. Cotel frères, constructeurs-mécaniciens à Troyes (Aube), qui peut remplacer très-avantageusement les métiers ronds à 8, 12, 16, 20 fuseaux. Cette petite mécanique, d'une simplicité remarquable et ne tenant pas la dixième partie de la place qu'occupent les métiers ordinaires, a des crochets comme les métiers circulaires à faire les bas. Elle n'a qu'une seule broche porte-bobine. L'entrelaçage est le même que celui des métiers habituels de nos fabricants de lacets.

Les avantages sont incontestables : marche rapide, régularisée par des tirants qu'on dirige à volonté; signal électrique à sonnette et arrêt de la machine quand le bout de la bobine casse. Voilà ce qui nous a frappé, et surtout la facilité que l'on a de changer à volonté les bobines et d'employer le coton tel qu'il sort de filature, en fusée.

Nous souhaitons que nos indications au sujet de cette petite machine, aussi ingénieuse que commode, appellent l'attention de MM. les fabricants de lacets.

MÉTIERS.

Nous avons été grandement surpris de ne pas trouver à l'Exposition un seul spécimen digne de représenter convenablement nos métiers brocheurs, si beaux, si majestueux à la vue. Nous regrettons que notre Chambre de commerce, la protectrice naturelle de l'industrie dans notre ville, n'ait pas songé à soumettre aux visiteurs de l'Exposition cet échantillon de notre esprit inventif. Cette exhibition eût contribué, sans aucun doute, à la gloire de notre fabrique et relevé encore le mérite de nos rubans.

De tous les métiers ayant la forme des nôtres, nous n'en avons trouvé qu'un seul qui puisse leur être sérieusement comparé, le métier à velours et épinglés de M. Joyot, de Paris.

Ce métier fabrique le velours à l'aide de petits rasoirs fixés au bout d'épingles rondes comme ceux employés en montagne et mûs, à un moment donné, par un système spécial affecté à la banquine.

La marche de ce métier est facile à comprendre. Le premier rasoir de droite, en allant prendre sa position dans la marchure de chaîne qui doit servir à faire le velours, laisse passer deux coups de trame après son entrée; puis un second rasoir venant de gauche passe à son tour. Le deuxième de droite et le deuxième de gauche se suivent toujours dans les mêmes conditions. Lorsque tous ces rasoirs sont engagés dans la chaîne, le premier est commandé pour venir à la suite du quatrième. C'est alors que l'épingle-rasoir, en se dégageant de sa marchure, où elle est serrée, coupe la chaîne en passant et produit le velours comme l'article fabriqué en montagne, et avec une très-grande régularité.

En remplaçant les épingles-rasoir par des épingles rondes, on produit l'épinglé, ce qui permet de faire soit des effets mats en épinglé, soit des effets brillants en velours.

Ce métier a un grand défaut qu'on a cherché à corriger, mais sans y réussir parfaitement. Le cas échéant où une cannette vienne à casser et à ne pas tisser la chaîne, sitôt que l'ouvrier aura donné quelques coups de battant sans s'en apercevoir, et suffisamment pour faire déplacer une épingle à rasoir, qu'arrive-t-il? Aussitôt la chaîne, qui n'est pas liée, est coupée et emportée par la charge de derrière.

Voici le moyen insuffisant à l'aide duquel on a essayé de remédier à cet inconvénient grave : chaque navette est munie d'un petit appareil qui donne, par le tintement d'un timbre, le signal d'arrêt à l'ouvrier. C'est là une précaution utile; mais l'ouvrier peut être distrait en ce moment, et, s'il n'arrête pas subitement, la rupture de la chaîne a lieu. Cette imperfection est sérieuse et donne à réfléchir.

Nous conseillerions à l'inventeur, comme perfectionnement à apporter à son métier, de continuer à faire tinter le timbre; mais, en même temps, d'empêcher par un cliquet le glissement des navettes dans les crampons, ou bien d'arrêter automatiquement le métier, ou encore d'empêcher l'épingle de sortir à la pièce où le bout de trame vient d'être rompu. Un de ces trois résultats obtenu, ce genre de métier deviendra très-applicable et présentera même de grands avantages pour fabriquer l'article de montagne et faciliter le montage de dispositions variées.

Nous croyons devoir signaler à la fabrique de Saint-Etienne, comme un chef-d'œuvre de mécanique, le métier convexe à la Jacquard, de la Compagnie américaine. Nous n'avons jamais rien vu d'aussi parfait et d'un fonctionnement si régulier et si simple.

Ce métier, organisé pour la fabrication des corsets, était mû par l'arbre de transmission des forces motrices de l'Exposition et pouvait, sur quatre pièces dont il était percé, faire quarante corsets par jour, alors que nos meilleurs métiers de ce genre d'articles, en France, ne tissant qu'une pièce à la fois, ne peuvent produire, par jour, que quatre corsets.

L'invention américaine constitue, à nos yeux, un progrès immense. Nous croyons que notre fabrique pourrait y faire d'utiles emprunts et que l'application du système à notre matériel lui ferait faire un pas énorme, en le simplifiant.

En effet, dans le métier américain, la place

occupée par la navette est d'un tiers du passage du battant, tout au plus, de telle sorte que sur trois parties il s'en trouve à peine une pour la navette et deux au moins pour le passage de la chaîne. Dans ces conditions, la longueur de nos métiers pourrait être diminuée d'un tiers, au moins.

Autre idée ingénieuse : La navette, dans ses mouvements, est accompagnée par deux portants ou ciseaux dont l'un la supporte jusqu'au milieu de la chaîne, point où l'autre portant la saisit pour la passer de l'autre côté. Grâce à ces deux conducteurs, un mouvement régulier, doux et sans saccades, est donné à la navette, ce qui permet de l'employer au tissage des matières textiles les plus fines et les plus délicates.

En présence d'une perfection pareille, nous ne saurions trop insister pour engager nos compatriotes marchands, ouvriers ou mécaniciens, à étudier ce métier qui n'est point destiné à la fabrication des rubans, mais peut y être appliqué très-avantageusement. Nous pouvons nous tromper, mais nous croyons qu'il y a là une sorte de révolution à opérer dans la fabrique.

La Chambre de commerce pourrait, si elle le voulait bien, acheter un de ces métiers, à deux pièces seulement, afin de le mettre à la disposition de tous les hommes dévoués au perfectionnement et à la prospérité de notre industrie rubanière. Une commission pourrait, en outre, être choisie parmi les ouvriers passementiers les plus capables, parmi les mécaniciens, auxquels s'adjoindraient encore deux ingénieurs-mécaniciens. De l'étude faite par tous ces praticiens et ces gens de l'art peut sortir un progrès nouveau qui contribuerait au développement de la fabrique, en améliorant l'instrument principal de production.

Nous avons dit que les ouvriers passementiers propriétaires de leurs métiers avaient grandement contribué à la prospérité des rubans. Ils ont fait, en effet, des efforts sans nombre et très-heureux; mais il est certain aussi que la fabrication des métiers, livrée au goût particulier et exécutée par de simples praticiens, s'est ressentie de l'absence du contrôle supérieur des hommes de science et de l'exiguité des ressources qui n'a pas permis de rechercher au loin les idées qui peuvent inspirer les mécaniciens et permettre d'accomplir tous les progrès désirables.

Nous ferons observer, en passant, que lorsqu'on pense aux différences de prix qu'on obtiendrait si toutes les parties des métiers étaient calibrées et faites sur le même modèle, pour le même nombre de pièces bien entendu, on regrette presque la liberté désordonnée qui a régné jusqu'à présent chez nous, à défaut d'entente et de direction supérieure. La liberté est, toutefois, la meilleure des conditions en toutes choses. Seulement, elle ne produit des effets complets et assurés qu'à la condition que les efforts individuels soient servis par l'entente et le concert dans l'intérêt commun. Il faut donc s'entendre pour que notre fabrique profite des progrès dûs aux mécaniciens étrangers. Nous ne sommes pas partisans des grandes fabriques, où l'homme devient un accessoire de la machine. Nous préférons voir l'ouvrier propriétaire de son métier, libre chez lui, obligé de s'ingénier pour faire de nouveaux progrès et améliorer son instrument, à la condition qu'on l'aidera à connaître ce qui se passe en dehors, à l'étranger, et qu'il pourra ainsi lutter, en profitant de ce qui se fait ailleurs, comme les étrangers ont profité de ce qui s'est fait chez nous.

Notre vœu est que la Chambre de commerce prenne en main cette question, à l'effet de faciliter l'étude des meilleurs procédés pour l'établissement des métiers, comme l'a fait, dans le temps, la Chambre de commerce de Lyon à propos des plaques de liseur.

TEINTURERIE.

Dans le cours de cette étude nous avons suivi la marche adoptée par la Commission impériale pour le classement des expositions de teintures françaises et étrangères, ce qui permettra à ceux qui nous liront et qui ont été admis, comme nous, à visiter l'Exposition, de mieux se remémorer ce qu'ils ont pu voir et admirer dans ces articles au Palais du Champ-de-Mars.

Nous décrirons d'abord d'une façon sommaire les expositions les plus importantes de chaque puissance, en insistant sur ce que nous aurons pu trouver, même en dehors de notre cadre, de plus intéressant pour notre industrie rubanière. Dans cet examen, et à notre point de vue, nous arriverons à classer, par ordre d'importance et de mérite, les expositions de chaque pays, en tâchant de démontrer d'où leur vient leur supériorité sur leurs concurrents ; puis, pour terminer, nous signalerons les inventions nouvelles réalisées et les progrès accomplis en teinture depuis les dernières expositions, nous estimant heureux et croyant avoir bien rempli notre tâche si de ces aperçus il pouvait ressortir quelques enseignements profitables et pouvant contribuer à la prospérité de notre industrie stéphanoise.

FRANCE ET COLONIES FRANÇAISES.

Paris.

Exposition remarquable de tissus teints et apprêtés, étoffes de laine, impressions sur chaînes, fils et cotons, teintures et chinages; en général, belles dispositions de tous les articles de nouveautés. Nous avons, entre autres, distingué les expositions suivantes :

Chalamel frères (Puteaux). Tissus teints et apprêtés, grande quantité d'étoffes de laines teintes en nuances nouvelles; bonne disposition de vitrine;

Veuve Godefroy (Puteaux). Impressions sur chaînes très-nettes; teintures de fils bien réussies ;

Briffaud (Paris). Exposition de mateaux de soie teints en nuances assez riches, mais paraissant manquer de brillant, ce défaut tenant, croyons-nous, à la qualité des eaux employées en teinture; fantaisies bien traitées et résistant au foulon; échantillons cotons assez bien réussis. Cette exposition renferme aussi deux cercles chromatiques de bonne exécution. La maison Briffaud est des plus importantes;

Alfred Motte (Roubaix). Se trouve, ainsi que plusieurs autres maisons du Nord, dans la section de Paris. Exposition remarquable surtout par ses spécimens d'apprêts pour étoffes, ne ternissant pas les teintes. Cet apprêt, dont on pourrait se procurer la composition et la méthode d'application, serait d'un grand avantage pour nos apprêts de rubans qui, malheureusement, sont toujours ternis en sortant des cylindres;

Dalamarre (Rouen). Exposition de teintures sur poil de chèvre, cotons chinés;

Hulot et Berruyer (Paris). Belle exposition de laines, cotons et soies, teintures toutes spéciales à *l'acide rosolique* qui fournit de belles teintes de *ponceau*, mais qui, malheureusement, manque de solidité. Ces teintures ont été essayées sans plus de succès à Saint-Etienne.

Brunet-Lecomte (Bourgoin, Isère). Impressions combinées avec la teinture; par ces moyens, production d'effets nouveaux très-remarquables; satins imprimés très-beaux.

Plusieurs autres maisons de Paris ont aussi exposé des articles remarquables comme teinture; mais, comme ces maisons ne produisent pas elles-mêmes leurs teintures, l'étude de leurs expositions sortirait de notre sujet.

Lyon et département du Rhône.

Guinon, Marnas et Bonnet (Lyon). Cette maison a exposé en mateaux valtés des teintures obtenues par les anciens procédés, en parallèle de celles que fournissent les nouvelles couleurs d'aniline; on voit de suite, par la différence de beauté des teintes, les progrès énormes réalisés en teinture dans ces dernières années, grâce au concours de la chimie; on remarque dans cette exposition des schappes apprêtées et brillantées par un procédé spécial, ainsi que des spécimens de couleurs dont la maison Guinon, Marnas et Bonnet a fait, une des premières, l'application; nous citerons l'acide picrique, la pourpre française, orseille solide, et l'azuline, tous produits remplacés en partie par les nouvelles couleurs d'aniline.

Ramel et Couturier. Exposition de teintures en noir d'un assez grand assortiment, sous les noms de noir vénitien, parisien, etc., ainsi que des marrons au cachou. Comme ces Messieurs n'ont pas cru devoir indiquer les charges de ces diverses teintures, il est difficile de les apprécier à leur juste valeur; la même observation peut s'adresser à la maison Drevon, qui a, en outre, exposé des teintures opérées sur de la soie sauvage et par des procédés particuliers.

Gillet-Pierron. Exposition bien réussie de noir, depuis les organsins cuits noir fin perdant 20 0/0, jusqu'au noir impérial de Lyon, chargé à 45 0/0, et le noir n° 7 surchargé, prenant 90 0/0. Ces teintures sont bien supérieures aux mêmes noirs exposés par la Suisse et la Prusse.

Mentionnons aussi les expositions de MM. Bunand-Savigny et Vilette et Renard, qui ont exposé des ombrées couleurs bien exécutées.

Nous ne pouvons, en signalant l'exposition de M. Martin, de Tarare, passer sous silence la magnifique exposition de Tarare; il est vraiment surprenant de voir à quelle perfection sont arrivés, comme effets de couleurs, les fabricants de ces articles légers qui sont d'une fraîcheur et d'un goût accomplis.

En général, pour ses soieries, l'exposition de Lyon est magnifique comme disposition de dessin et harmonie de nuances.

Saint-Étienne et Saint-Chamond.

Notre industrie teinturière n'est représentée que par MM. Milliant et Ducluzel qui ont exposé dans une vitrine spéciale des teintures en soie et coton et des impressions sur chaînes et rubans tissés, ainsi que des teintures de schappes apprêtées et brillantées. Dans le fond de leur exposition, douze tableaux présentent, par 60 flottes chacun, toutes les couleurs employées en teinture avec le passage gradué d'une couleur à une autre opposée; dans un autre tableau, se trouvent reproduites toutes les couleurs du prisme dans leur ordre, leur distance et leur gradation. Ce cercle, qui comprend 160 flottes, est entièrement composé de couleurs extraites de la houille, dérivées de l'aniline et de l'acide phénique; à côté de ces couleurs, et comme antithèse, on voit une exposition rétrospective de couleurs à la pourpre française, au violet perkins, à la murexïde, etc., produits qui, comme nous l'avons déjà dit, sont remplacés aujourd'hui par les couleurs d'aniline.

Cette exposition, très-bien réussie dans ses détails, représente dignement notre industrie de teinture et met en relief le talent du contremaître, et de l'ouvrier stéphanois, en général, qui jouit du reste, comme habileté, d'une réputation bien méritée. A ce sujet, il est à regretter seulement que les autres teinturiers de notre ville n'aient pas cru devoir suivre l'exemple de MM. Milliant et Ducluzel; notre industrie rubanière n'aurait eu qu'à y gagner.

L'exposition des rubans et des velours complétait naturellement l'exposition de teinture. Elle permettait d'apprécier la perfection de notre teinturerie en général.

En résumé, l'exposition de Saint-Etienne, quoique placée au Palais du Champ-de-Mars dans des conditions désavantageuses, était très-remarquable et méritait de l'être, car elle affirmait notre supériorité sur nos concurrents et donnait la preuve de progrès accomplis soit comme teinture, soit comme fabrication : comme teinture, grâce à la bonne qualité des eaux et aux soins apportés chez nous plus encore qu'ailleurs à l'application des couleurs, surtout des couleurs d'aniline, notre supériorité s'est maintenue vis-à-vis de nos concurrents étrangers; comme fabrication, nos articles, tout en ayant plus d'apparence que les produits étrangers, l'emportent aussi pour la qualité. A côté de ces éloges bien mérités, qu'on nous permette de donner quelques conseils à nos fabricants de rubans et à nos teinturiers.

Pour conserver, en présence de la concurrence étrangère, qui produit déjà tous nos articles et à bon marché, la suprématie qu'ils ont acquise à d'autres époques, nos fabricants devraient, croyons-nous, étudier sérieusement les moyens d'approvisionnement et d'emploi des matières premières, aujourd'hui, surtout, qu'en présence des crises commerciales les prix des soies sont sujets à tant de fluctuations; la façon de procéder des Anglais pour leurs approvisionnements pourrait les mettre sur la voie à suivre; ils devraient aussi mieux étudier la nature de ces matières et leur appropriation raisonnée à tel ou tel article.

Nous leur conseillerons aussi d'éviter dans leurs dessins ces effets choquants de teintes disparates que l'on rencontre dans quelques-unes de leurs dispositions : c'est en étudiant mieux l'harmonie des nuances et le contraste des couleurs qu'ils y arriveraient.

Quant à nos teinturiers, ils doivent s'attacher avant tout à conserver aux soies leur nerf et leur brillant, et ne pas trop les surcharger dans les teintures en noir; ils devraient aussi étudier les moyens d'arriver à produire des teintes plus solides et ne changeant pas aussi rapidement à l'air, dût même la beauté des nuances en souffrir un peu.

Avant de passer à l'étude des expositions étrangères, mentionnons les expositions de matières très-importantes que l'industrie de la soierie emploie en assez grandes quantités depuis quelques années, surtout depuis que le prix des belles ouvraisons se maintient très-élevé ; nous voulons parler des bourres et déchets. Cette industrie est représentée à l'Exposition universelle par des spécimens remarquables comme qualité et filature ; notons surtout les expositions :

LONGIVIN et Cᵉ (Seine). Grande variété et beauté de ses produits. Médaille d'or ;

GARNIER-LOMBARD (Nîmes). Soies floches, cordonnets, soies à coudre teintes et lustrées ;

H. BERAUD (Paris). Exposition remarquable de ces produits, avec indication des titres.

Nous ne quitterons pas la section française sans mentionner l'exposition de l'Alsace (tissus imprimés). Son étude sortant de notre sujet, nous nous contenterons de dire qu'elle est magnifique comme dessins et couleurs, et nous citerons avec orgueil les noms de MM. Dolfus, Mieg, Kœcklin, Gros-Roman, Schlomberger, etc., qui portent toujours bien haut le drapeau de cette industrie nationale.

EXPOSITIONS ÉTRANGÈRES.

Autriche.

L'exposition étrangère de teinture vaut la peine qu'on l'étudie avec la plus grande attention. On y trouve des applications bien réussies de couleurs à toutes les fibres textiles; beaucoup d'articles peuvent même se comparer à ce qui se fait de mieux en France; on y remarque surtout des spécimens intéressants de teintures en laines et en mérinos pur et demi-laine obtenues par les extraits de garance.

On y trouve aussi des expositions très-bien disposées d'étoffes, de rubans unis et façonnés, ces derniers laissant, croyons-nous, à désirer comme fabrication; de passementeries, d'ornements d'églises, de teintures de fils et de soie à coudre.

Au milieu de toutes ces vitrines, quelques teinturiers ont exposé leurs échantillons; mais parmi ceux-ci, nous n'avons trouvé qu'une exposition qui méritât d'être signalée : celle de M. Bart-Salvaterra, de Vienne, qui présente une belle collection de couleurs en mateaux valtés d'un joli effet et assez bien réussis; c'est du reste la maison la plus importante de Vienne.

Prusse et Etats de l'Allemagne du Nord.

La Prusse présente aussi une exposition intéressante, surtout comme teintures de laines et de fils à coudre; nous avons remarqué aussi des passementeries d'un bon marché surprenant. Comme teintures, citons les maisons :

Gebr-Fischer. Collection de teintures en schappes apprêtées bien réussies.

Hamers (Créfeld). Spécimens d'apprêts de gauffrage et de moire sur étoffes tramées coton.

Spindler (Berlin). Teintures et impressions pour fils de laine et de soie destinés aux tissus et à la tapisserie; on remarque dans cette exposition une collection d'échantillons de soies formant la série des couleurs complémentaires très-bien tranchée.

Cette maison est des plus importantes : elle occupe 500 ouvriers et fabrique elle-même les couleurs d'aniline nécessaires à son industrie; cette liberté serait pour nos teinturiers un grand avantage s'ils pouvaient agir de même.

Suisse.

L'industrie de ce petit pays est aussi très-bien représentée, surtout dans l'art de l'impression. Mentionnons, dans l'industrie de la teinture, la belle exposition de soies à coudre et de retordage de M. J. Dorsthler, de Zurich; des cotons et fils glacés et des spécimens de teintures en noir sans nom d'exposants, sur lesquels se trouvent indiqués comme charge maximum 95 % pour cuits et 210 % pour les souples; autant que nous avons pu en juger sur les échantillons déjà ternis, cette charge, trop élevée, paraît altérer les soies et ne leur laisser aucun brillant.

Mentionnons aussi l'exposition des teinturiers réunis de Zurich et celle de M. Clavel, de Bâle, qui offraient aussi des spécimens teintures en couleurs assez bonnes.

Angleterre.

L'Angleterre est bien pauvre d'exhibitions de couleurs, quoique son exposition de soieries soit assez vaste. Comme teinturiers citons :

HANDS-SON et Ce (Coventry), qui offre des couleurs assez bien réussies;

Georges MASON, Joseph HON et Ce, LISTERT et Ce (Halifax), qui ont exposé surtout des spécimens de schappes et de soies à coudre.

Nous avons remarqué dans l'exposition des articles de soieries l'emploi des fils d'étain, d'aluminium, et surtout du fil de verre, pour produire certains effets bien réussis de brochage.

Belgique et Pays-Bas.

Dans cette exposition, on remarque peu de soieries, mais beaucoup de laines teintes et des lins et chanvres teints, avec ou sans rouissage. Citons en première ligne la maison Borré-Cnendt, à Eccloo. — Cette maison a exposé un cercle de teintures en laines, où nous avons remarqué des prix de teinture d'un bon marché exceptionnel. Ainsi *ponceau* 2.25 ; bleus et violets d'aniline, 1.25 ; marron et rose, 0.90 ; le tout par kilog. ;

Wolf et Demey. Cotons teints en rouge d'Andrinople d'une grande perfection, ainsi que des teintures en couleurs d'aniline assez bien réussies.

Italie.

Remarquable exposition de cotons, soies gréges chanvrées de ce pays. Nos filateurs et nos fabricants ont pu faire là de sérieuses études. Comme teinturiers, citons une seule maison : Pietro-Hut, de Côme, qui a exposé des noirs et des couleurs.

Nous avons dû terminer là notre revue, les autres puissances n'offrant, dans leurs expositions, rien qui puisse intéresser notre industrie.

Après cet examen bien incomplet, car il eût fallu plus de temps que nous n'en avons eu à notre disposition pour se rendre compte d'une façon complète de tous les spécimens exposés et, de plus, en tenant compte de la difficulté qui existe pour juger à distance des couleurs déjà ternies, nous sommes néanmoins admis à conclure que, pour ses teintures appliquées aux soieries, la France (c'est-à-dire Lyon pour ses étoffes, Saint-Etienne pour les rubans), tient incontestablement le premier rang pour le fini du travail, le bon goût des dispositions, et surtout l'application heureuse des couleurs et la beauté des teintes. Après la France, comme supériorité, viennent l'Autriche et la Suisse. La première de ces puissances surtout nous paraît le plus à redouter pour l'avenir, en raison des progrès énormes qu'elle a réalisés dans ces derniers temps.

La Belgique et la Prusse, par le bon marché auquel leurs fabricants sont arrivés à établir certains articles, et surtout pour la teinture des fils et cotons, bien supérieurs aux nôtres comme teinte et d'un prix de teinture plus bas, nous paraissent aussi devoir éveiller la sérieuse attention de nos industriels.

Comme un rapport spécial doit mentionner les expositions de matières tinctoriales classées à Saint-Etienne, nous n'en parlerons pas ici, et arriverons de suite aux progrès accomplis en teinture et aux inventions nouvelles réalisées dans cet art et mises en relief par l'Exposition de 1867.

Citons d'abord la création et l'application des couleurs d'aniline et de méthyl-aniline, en remplacement des anciennes couleurs, qu'elles surpassent de beaucoup en éclat et en beauté ; l'application de mordants nouveaux pour la teinture des fils et cotons ; les procédés nouveaux de blanchiment et d'application de la garance ; mentionnons aussi l'application nouvelle de la photographie à l'impression des tissus ; comme fabrication de tissus, de grands perfectionnements ont été apportés pour le montage et le retordage des déchets de soie et pour l'emploi de ces matières ; enfin, nous signalerons, pour les façonnés l'application des systèmes perfectionnés de battants brocheurs et de lisage.

Nous avions aussi à établir la comparaison des prix de teinture par kilogr., de soie ou coton, soit en France, soit à l'étranger. Quoiqu'il nous ait été très-difficile d'arriver à avoir des renseignements exacts, nous pouvons pourtant admettre que les prix de teinture de la soie, soit en noir, soit en couleurs, sont sensiblement les mêmes en France et à l'étranger. Pour les autres matières textiles, nos prix sont supérieurs, quoique nos teintures soient inférieures comme nuances.

Si l'on réfléchit maintenant aux avantages énormes qu'ont sur nous nos concurrents par le prix plus bas des drogues et de la main-d'œuvre, on voit que nous sommes placés vis-à-vis d'eux dans des conditions désavantageuses, et que ce n'est qu'en cherchant à améliorer sans cesse notre industrie que nous arriverons à maintenir notre supériorité.

MAISONS OUVRIÈRES.

SOCIÉTÉS COOPÉRATIVES.

Crèches.

La question du logement des ouvriers se rattache d'une manière directe à toutes celles qui concernent la fabrique. Tout le monde a intérêt à ce que le sort des ouvriers s'améliore, à ce que les conditions de leur existence deviennent aussi bonnes que possible. L'idéal pour nous est que l'ouvrier, en travaillant, puisse devenir propriétaire de la maison qu'il habite.

Nous avons vu à l'Exposition de petites maisons ne coûtant pas plus de trois mille francs, et qui sont saines et convenables. La propreté tient ensuite aux bons soins de la ménagère.

Le loyer de ces maisons est indiqué comme devant être de deux francs par semaine, soit cent quatre francs par an.

Il ne serait pas impossible, à l'aide d'une petite combinaison financière, de faire acquérir par les locataires, en un certain nombre d'années, la maison occupée par eux, au moyen d'une annuité un peu plus élevée.

La ville de Mulhouse a donné, à cet égard, de bons exemples à suivre. Les grands industriels de ce pays, les Dolfus, les Kœchlin, les Muller, les Schwarts et un grand nombre d'autres fabricants, ont concouru à cette œuvre. Les cités ouvrières se composent de maisons avec jardinets, pourvues d'eau et d'une forme simple et riante. L'ouvrier, avec la perspective de devenir propriétaire à son tour, redouble de travail, et tout le monde y gagne.

Nous n'approuvons pas l'idée des cités ouvrières où sont réunis et entassés un grand nombre de ménages, comme des régiments dans une caserne. La première loi pour le bien-être, c'est d'être chez soi, c'est d'aller, de venir quand on veut, sans passer continuellement sous mille regards, comme si l'on était surveillé. Nous croyons que, pour le logement, il faut l'indépendance autant que possible, et, de plus, autant qu'on pourra, la facilité de devenir un jour propriétaire soi-même.

A côté du logement, on s'est beaucoup préoccupé durant ces dernières années de la question de l'alimentation. Les Sociétés coopératives ont exposé. En achetant directement, sans passer par le détail, les ouvriers coopérants payent moins cher; ils peuvent réaliser ainsi une économie, soit au moyen du meilleur marché de l'achat, soit par suite de la distribution des bénéfices entre les sociétaires.

A Saint-Etienne, il faudrait bien une Société coopérative pour la viande de boucherie. La qualité devient de jour en jour plus basse et le prix plus élevé.

Nous avons rencontré à l'Exposition un modèle de crêche patronné par S. M. l'Impératrice. Cela nous a rappelé que, à Saint-Etienne, nous n'avions point d'établissement semblable, destiné à recevoir les jeunes enfants pendant que les mères, en travaillant, augmentent les ressources de la famille.

Nous prenons la liberté de recommander à nos concitoyens, à nos dames surtout, cette utile institution.

Il ne serait pas nécessaire que, comme à Paris, l'enfant fût entièrement à la charge de la crèche.

A Paris, on garde les enfants continuellement, et la mère va les allaiter deux fois par jour. Il suffirait que l'enfant trouvât dans la crèche de Saint-Etienne des soins éclairés pendant que la mère chercherait à gagner un modeste salaire. La crèche pourrait être ouverte de six heures du matin à huit heures du soir, et la mère emporterait son enfant tous les soirs, pour le rapporter le matin, si ce n'est les dimanches et jours de fête, où la crèche serait fermée.

Tel est, Monsieur, le résultat des études que, grâce à vous, il nous a été permis de faire à l'Exposition universelle. Nous désirons que nos observations soient profitables à la fabrique et aux industries diverses qui s'y rattachent. Devant les efforts de la concurrence étrangère, nous croyons qu'il importe à nos concitoyens de redoubler de zèle et d'activité pour améliorer leurs instruments et leurs méthodes. Si nous nous laissions gagner par la routine, si nous ne nous tenions pas au courant des progrès accomplis ailleurs, nous risquerions de décheoir, tandis qu'en perfectionnant tous les détails de la production, nous devons conserver notre supériorité.

André ROUCHOUSE, employé de fabrique.
Benoit GRAVE, passementier.
F. GONON, passementier.
FAURY, veloutier,
Jean GOUJON, ouvrier en caoutchouc.
Jean-Baptiste ROLLAND, liseur.
Germain TRAVERS, mécanicien.
Marius DIET, teinturier.

MACHINES.

APPAREILS MÉTALLURGIQUES. — QUINCAILLERIE.

MONSIEUR,

Je n'ai pas l'intention de rappeler et décrire ici toutes les merveilles mécaniques que j'ai pu voir à l'Exposition. Je dois me contenter de donner un aperçu de ce qui a le plus frappé mon attention.

En général, tous les produits exposés se distinguent par un fini de main-d'œuvre qui laisse peu à désirer et qui, évidemment, ne peut s'obtenir qu'à l'aide des puissants et ingénieux outillages dont peuvent se servir les maisons importantes qui ont exposé. Il devient de plus en plus certain que les efforts des hommes deviennent relativement impuissants si, pour l'exécution de tous ces engins et de tous ces produits, ils ne sont pas servis par des moyens mécaniques.

C'est la vapeur qui généralement est l'agent employé pour développer la force nécessaire aux mécanismes. Je vous parlerai donc d'abord des diverses sortes de générateurs de vapeur qui se sont offerts à mon étude. Les chaudières et les générateurs exposés dans l'enceinte du Palais de l'Exposition et dans les annexes, ont bien du mérite. Elles réunissent à la bonne exécution, la légèreté et la solidité.

Je n'entrerai pas dans de longs détails au sujet des générateurs de vapeur en tôle de fer ou d'acier, de forme cylindrique à bouilleur ou tubulaire. Ils présentent une excellente apparence; mais ce n'est malheureusement qu'à l'essai ou à l'usage qu'on pourrait reconnaître les propriétés respectives de ces appareils.

La chaudière Belleville a attiré plus vivement mon attention, et je l'ai étudiée avec un soin tout spécial. Elle paraît appelée à remplacer avantageusement les anciens générateurs de vapeur. Sa forme, sa structure et le peu d'espace qu'elle occupe me portent à croire que, dans un temps peu éloigné, elle remplacera, dans les villes surtout où la place est rare et précieuse, ces générateurs enveloppés par d'énormes maçonneries coûteuses à installer et absorbant souvent, sans utilité ni compensation, la chaleur destinée à l'engendrement de la vapeur.

Un Anglais, M. Vield, a exposé un générateur tout à fait nouveau. Son système consiste à introduire, entre deux tubes concentriques renfermés dans une chaudière cylindrique, un courant d'eau qui vient se vaporiser en partie sur le sommet de la partie extérieure, fermée à cette extrémité, placée près du foyer, et par cela même vigoureusement chauffée, pour s'élever ensuite vapeur et eau par le tube intérieur ouvert par les deux extrémités, et dont la partie inférieure plonge dans le tube extérieur jusqu'à deux centimètres environ de la face circulaire en contact avec le feu. La partie supérieure s'ouvre en entonnoir dans le réservoir de la chaudière commun à tous les tubes, et qui se trouve placé à la partie supérieure de l'appareil.

Je ne me permettrai pas d'appréciations, n'ayant pas eu l'avantage de voir fonctionner cette chaudière. Le résultat annoncé paraît vraiment pratique, et, s'il est aussi pratique qu'on le dit, on peut compter qu'un jour on produira, par son emploi, de la vapeur à bon marché.

Nous venons d'apprendre que la maison Imbert et Ce, de Saint-Chamond, fabrique des générateurs sur ce type. Chacun peut donc l'étudier de près.

Je n'ai rien vu de nouveau et de bien saillant dans les machines marines. Les produits exposés constituent évidemment d'importants travaux dignes d'admiration, même par leur fini et leur exécution, mais nous n'avons pas remarqué de progrès notable accompli.

Les machines à vapeur destinées à créer le mouvement dans les usines proviennent toutes de grandes maisons de construction mécanique. La plupart sont destinées à servir de moteurs aux machines-outils. Cette application s'étend à un nombre indéfini d'instruments, machines à travailler l'or, l'argent, l'acier, le fer, la fonte, le marbre, la pierre; machines soufflantes destinées à activer les hauts-fourneaux; machines prêtes à remplacer même les ouvriers, en piquant les houilles, en perçant les trous de mines au rocher. Nous avons vu près de ces dernières tous les accessoires nécessaires aux travaux souterrains : des bobines pour enrouler les câbles, des freins de sûreté à sonnerie, tout un matériel qui ne ressemble point à l'outillage de nos pays et a dû être étudié utilement par nos ingénieurs.

Ce qui m'a frappé au milieu de tant d'œuvres mécaniques, ce sont les machines verticales à cylindre, posé comme celui des marteaux-pilons très solidement établis sur une épaisse plaque en fonte. Il me semble que, dans nos terrains houillers, l'emploi de ces machines préviendrait les dangers qu'offrent nos machines horizontales, établies généralement sur des massifs isolés de maçonnerie, qui, malgré leurs énormes proportions, se crevassent et peuvent, en se disloquant, fausser les pièces les plus solides.

Les machines-locomotives sont généralement d'un travail achevé et du premier ordre dans tous leurs détails. Les produits français luttent heureusement contre les produits étrangers; mais chacun, on le voit, s'efforce de faire de mieux en mieux, et il ne faut pas cesser de tendre à une plus grande perfection. J'ai remarqué que les Américains avaient plus de soin de leurs chauffeurs et mécaniciens que nos Compagnies françaises. La belle locomotive que les Etats-Unis ont exposée est munie, vers le foyer de la chaudière, d'un petit hangar fermé qui doit être bien utile au milieu des intempéries des saisons.

Les machines agricoles m'ont paru pêcher sur sur divers points. Cette industrie est encore aussi peu avancée que notre serrurerie Tout semble ajusté avec la tranche, la hache ou le burin. On met ensuite une peinture par dessus, et voilà la machine agricole. En général, ces machines emploient trop de pièces en fonte. Eu égard au service qu'elles ont à accomplir et à l'inexpérience des manouvriers qui sont appelés à s'en servir, elles ont besoin de plus de solidité. Il serait nécessaire d'y introduire quelques pièces de fer, les plus importantes des mécanismes, celles qui fatiguent le plus et sont exposées à se briser par les mouvements qu'elles doivent faire. Il y a sans doute de bonnes et ingénieuses dispositions dans un très-grand nombre, mais elles sont souvent compliquées et ne m'ont pas paru présenter des conditions de durée suffisantes.

Je n'ai pas vu fonctionner les locomotives de routes, et ne puis en parler qu'avec réserve. C'est là, d'ailleurs, une idée nouvelle et qui, dès lors, a besoin du temps pour qu'on atteigne le degré de perfectionnement pratique.

Revenons aux machines-outils, et particulièrement à celles qui se rattachent à mon industrie, qui est celle du fer.

Les machines-outils pour ateliers de construction mécanique, présentées par les exposants des diverses nations, offrent un degré d'utilité, de rapidité de main-d'œuvre et d'économie tels, qu'il faut s'empresser de reconnaître que leur introduction et la généralisation de leur emploi sont devenues indispensables si l'on veut soutenir la concurrence et conserver la supériorité. Je vais en indiquer un certain nombre et faire connaître l'impression que j'ai gardée.

Une machine à raboter les surfaces planes marchait à l'Exposition. Elle est d'une conception assez simple et d'une forme robuste. Si l'on en juge par là, elle doit rendre des services considérables dans sa spécialité;

De puissantes machines à mortaiser, qui pénètrent le fer absolument comme le ciseau du charpentier pénètre le bois;

Des machines à percer, de toutes les formes et de toutes les dimensions. Les modèles ne sont pas généralement nouveaux; seulement la main-d'œuvre est de plus en plus soignée; la lutte était vive sur ce point et chacun a déployé toutes ses forces. Je regrette, pour ma part, qu'il n'en soit pas toujours ainsi dans l'industrie et qu'on reste trop souvent dans la routine.

Je n'ai apporté qu'un peu d'attention aux machines-outils à travailler le bois, leur usage pour mon industrie étant très-rare. Cependant, j'ai remarqué des scies à faire les entailles à queue d'hironde pour l'assemblage perpendiculaire des pièces de menuiserie, sans aucun secours de main d'ouvrier. C'est là un outil nouveau, et il a fallu sans doute beaucoup de persévérance pour le rendre pratique.

J'ai remarqué également des scies de tout genre : verticales et à plusieurs lames, à lame sans fin, formée d'un ruban d'acier dentelé enveloppant en partie deux poulies dont les faces en contact sont garanties par des bandes de caoutchouc; ces lames sans fin traversent un plateau mobile dont on peut varier l'inclinaison selon le besoin;

Des scies même modèle, mais de plus petites dimensions, sont destinées au chantournage du bois d'ornementation et de charronage.

Je vous signalerai encore des tours de systèmes variés pour fabriquer les meubles façonnés;

Des machines à tailler les bois de fusils, les crosses de pistolets, les formes de souliers.

Dans tous ces appareils, qui décuplent la force de production, les plus grandes difficultés d'invention ont été vaincues. Je voudrais pouvoir indiquer ces difficultés et les moyens employés pour les vaincre; mais je n'ai pu consacrer assez de temps à cette étude, qui eût demandé plusieurs mois d'observation. J'aurais voulu vous décrire les divers systèmes de fraises, de moulures, de tours avec vitesse de 1200 à 1500 rotations par seconde, les machines à faire les parquets et à enlever les feuilles de placage, travaillant avec une précision remarquable. Je dois me contenter de dire que pour le travail des métaux et du bois, en général et lorsqu'il s'agit de la division, de la forme à donner, la puissance des machines semble illimitée et que tout artisan doit mettre tous ses soins à se procurer celles qui conviennent à sa profession.

J'arrive à la quincaillerie, qui est l'une de nos industries locales. Chez nous, elle est malheureusement moins prospère qu'elle ne l'a été. Il faut bien reconnaître que le manque d'outillage, l'obstination à conserver le vieux moyen, partout la main de l'homme la même où cette main n'a pas besoin d'être servie par l'intelligence, ont influé d'une manière regrettable sur la prospérité de cette branche de l'industrie locale.

Tandis que l'on suivait cette voie malheureuse, les concurrents du dehors, et notamment la maison Jappy ne cessait de développer ses moyens mécaniques en consultant des hommes spèciaux. Aussi l'exposition de cette maison estelle merveilleuse; on aurait dû créer pour elle une récompense spéciale, hors ligne. On trouve dans ses produits tout ce qui se fabrique à Saint-Etienne, au Chambon, à Saint-Martin-la-Plaine. A côté d'elle, la Picardie et la Lorraine ont marché dans la voie du progrès.

Nous devons faire exception pour les boulons et la lime. Les exposants du Chambon ne sont pas les moins habiles fabricants de France. Je suis resté convaincu que le Chambon est toujours la patrie du boulon et de la lime.

Je dois signaler en outre des machines à tarauder bien comprises, de la maison Denis Pousot, et la machine à faire les fiches comme celles de la rue Tarentaise et des Carrières, au moyen du simple passage d'une courroie d'une poulie à l'autre. J'ai vu cet instrument rendre une fiche toute confectionnée et prête à être emballée. Il avait suffi d'introduire par une ouverture une lame de fer à la dimension voulue, de faire marcher les machines et les fiches sortaient à l'autre bout sans relâche, mieux confectionnées qu'on ne le voit chez nos fabricants. On croirait vraiment que c'est un miracle.

Il faut avoir le courage de dire cela, si l'on veut être réellement utile à son pays.

Les fabricants de chaussures mécaniques, les machines à coudre, les tailleurs de pipes, de diamants, tout cela marche avec les outils mécaniques et obtient de bons résultats.

Je désire que ce compte-rendu et les observations que ma visite m'a suggérées soient utiles à notre ville. Je croirai ainsi n'avoir pas manqué à vos intentions.

BILLARD,

Employé chez M. Dubuisson comme chef de fabrication.

CANONS DE FUSILS.

Monsieur,

Délégué par vous à l'Exposition universelle de Paris pour y étudier ce qui peut intéresser mon industrie, celle de canonnier, je viens vous dire ce que j'ai pu retenir.

Je ne puis vous donner que des aperçus. Pour présenter une étude complète, il m'aurait fallu pouvoir manier les canons à mon aise. Cependant, ce que j'ai vu et entendu autour de moi a suffi pour me convaincre que la fabrique des armes de luxe de Saint-Etienne est encore au premier rang.

Nous n'avons pas, à Saint-Etienne, des ateliers où l'on étire les canons, comme les barres de fer avec des laminoirs. Certainement, pour le canon lisse, nous ne pouvons pas lutter, au point de vue du prix, sans employer ce moyen. Mais obligés que nous sommes de tout fabriquer à la main, il est bien certain que nos produits ne sont pas plus mauvais pour cela, et que même ils sont meilleurs. Il est difficile de faire des tubes laminés pour canons de fusils, coniques à l'extérieur et cylindriques à l'intérieur. Des exposants belges paraissaient cependant avoir parfaitement réussi. On m'a assuré qu'ils n'avaient à l'épreuve que le 6 % de non-valeurs. Je suis disposé à le croire si, comme on l'a dit encore, ils emploient du fer fin. Nos forgerons, grâce aux moyens de fabrication dont ils disposent, sont forcés de laisser à l'intérieur beaucoup de matière qui n'est pas martelée et dont, par conséquent, les grains ne sont pas resserrés; de telle sorte que pour ne conserver que la portion de fer à peu près exempte de défauts et suffisamment serrée pour présenter à l'épreuve la résistance nécessaire, on est obligé de beaucoup enlever à l'intérieur et de blanchir légèrement le dehors; d'où résulte un surcroît de main-d'œuvre et un déchet considérable que n'ont pas à supporter les fabricants belges, parce que, avec le laminoir, ils approchent déjà tellement du fini que, dans des canons où il n'y a qu'une opération d'alésage à faire, on voit encore ce qu'en terme du métier on appelle « des noirs. »

Je crois ne pas me tromper en disant qu'il y a là pour nous une cause d'infériorité.

L'exposition anglaise du même article ressemble beaucoup à celle des Belges. Les uns et les autres emploient, du reste, les mêmes moyens de fabrication, les mêmes matières premières et les mêmes outils.

Quant aux canons étoffés, fer et acier, oh ! ici, nous sommes certainement plus forts en France. Nos produits ont plus d'élégance et de goût. Les formes sont plus variées comme dessins et, en outre, nos canons bien plus légers.

Quand on aborde les canons étoffés, nos concurrents étrangers sont obligés de se servir des mêmes moyens que nous. Ils n'ont presque plus d'avantages quant aux instruments.

Cependant, je dois le dire, leur mode d'alésage est nouveau, tandis que le nôtre est resté le même, c'est-à-dire tel qu'on a dû l'imaginer le jour où l'on a fait le premier canon de fusil. Ce moyen antique d'alésage consiste, tout le monde le sait, à prendre une tige de fer, à souder à l'une des extrémités un morceau d'acier carré trempé, puis à engager cet outil par la partie en fer dans un arbre tournant avec une vitesse de 200 à 250 tours par minute ; le bout en acier étant introduit dans le canon et celui-ci étant assujetti, au moyen d'un collier en fer, sur une traverse en bois qui glisse entre des chevrons également en bois, l'ouvrier pousse avec ses genoux le canon dans lequel tourne l'outil en acier appelé « foret ». On est obligé de passer quelquefois huit ou dix forets dans un canon pour obtenir le calibre désiré. Cette opération dure un quart-d'heure, tandis que les machines à forer nouvelles calibrent, dit-on, quatre canons, au moins, durant le même laps de temps.

Quant aux autres opérations relatives à l'extérieur, celles du meulage, de l'assemblage, de l'ajustage, du brasage, du blanchissage et de l'achevage, les concurrents opèrent comme nous et par les mêmes moyens. Seulement, je ne sais à quoi cela tient, ou peut-être grâce à ce qu'ils polissent leurs canons à l'extérieur au moment de leur dernière opération, ceux qui doivent être montés blancs de métal, et seulement dérochés à l'acide sulfurique, laissent ressortir le dessin plus vigoureusement que les nôtres, de même que, lorsqu'ils sont passés en couleur, ils sont plus brillants à l'œil.

Je ne puis donner des renseignements plus

précis, parce que je n'ai pas pu toucher, manier les canons. Je suis porté à croire que si nos maisons de Saint-Etienne (je parle des canonniers et non des fabricants d'armes) avaient fait un peu plus de bancs d'étalage, de manière à mettre leurs produits bien en lumière, si, par exemple, leurs canons avaient pu être glissés dans une vitrine des canonniers de Paris, bien au jour, bien en vue, si l'on avait effacé la marque des fabricants, on aurait eu de la peine à décider lesquels valaient le mieux, ceux de Saint-Etienne ou ceux de Paris. Sans aucun doute, ceux qui étaient dans la vitrine où passait tant de monde, avaient reçu un petit coup de brosse parisien qui ne pouvait rien gâter à l'affaire. Je suis canonnier. On pourra croire que j'ai un parti pris. On dira ce qu'on voudra. Je soutiens que l'exposition des canonniers stéphanois a prouvé que si nous ne pouvons pas produire beaucoup, nous produisons bien, et que si l'on pouvait exposer les canons de Saint-Etienne de nos premières maisons sur un point, dans une rue où il passe beaucoup de monde, en leur faisant donner, avant, le petit coup de brosse parisien et en les couchant sur un beau velours rouge, on s'apercevrait qu'il ne leur manque que cela pour avoir le même mérite.

Quoiqu'il en soit, si nous n'avions pas eu pour nous aider les brillantes vitrines des marchands d'armes, je crois que nous aurions eu de la peine à nous faire connaître, tant la place des canonniers était petite.

Je ne finirai pas sans vous parler des fusils fins qu'avaient exposés les fabricants d'armes. Comme pour les canons, pour bien juger il faudrait manier; car, c'est le cas de le dire : tout ce qui brille n'est pas d'or. J'ai pu constater, toutefois, que l'exposition de province, comme disent les Parisiens, était plus variée que la leur, moins bien exposée, cela est sûr, mais aussi parfaite. Je n'ai pas été ébloui par le fusil de 150,000 francs qui n'a rien de rare que les pierreries qui le couvrent, valeur tout-à-fait indépendante d'une bonne et belle fabrication.

En travail courant, les fusils à canons damassés exposés par la France étaient très-bien exécutés et certainement supérieurs à ceux des exposants étrangers. Je puis le dire : plus la difficulté augmente, plus nous avons de supériorité. Je ne cite pas les noms des exposants de notre pays qui m'ont fourni le moyen de faire ces comparaisons; car ils ont chacun leur mérite. Si on considère que, dans ce métier, tout est en proportion du prix de la pièce, on devra toujours se décider à choisir de préférence au même prix les armes de Saint-Etienne, car ni le petit coup de brosse parisien, ni la rue où il passe tant de monde, ni l'arrangement coquet ne constituent aucune valeur sérieuse.

J'aurais bien désiré, Monsieur que ma visite à l'Exposition eût pour résultat d'apporter quelques modifications à notre fabrication d'armes de luxe par l'introduction de quelque nouvelle méthode de travail. J'ai bien vu les canons et les fusils mais non les outils nouveaux que l'on emploie pour la fabrique. Je regrette cette lacune, car il y avait parmi vos délégués un ouvrier mécanicien qui les aurait étudiés et décrits de manière à en faire connaître l'emploi et les avantages. En dehors du foret carré, je ne connais rien de ces mécaniques, et pour les employer, sans doute, il faudrait tout un apprentissage. J'ai vu une machine qui taillait des bois de fusil ; elle marchait bien. Pour dire comment, il m'aurait fallu plus de temps encore que pour étudier les canons.

Je finirai en donnant un conseil aux canonniers, s'ils veulent me le permettre. Une prochaine fois, qu'ils aient soin de ne pas se laisser confiner dans un coin ; qu'ils fassent les frais d'une vitrine avec des coussins de velours rouge. On les exposera alors dans la rue où passe tant de monde. Ils doivent savoir que, dans les compagnies, on met toujours en avant les mieux habillés. Cependant tout n'a pas été perdu : il y a eu des médailles données, pas des premières, il est vrai. On a fait comme pour les places. Dans ce petit coin, on ne pouvait juger de l'ouvrage.

HEURTIER (Claude),
Canonnier.

PARQUETS ET PLAQUAGES DE MEUBLES.

Saint-Etienne n'a pas exposé. Nous avons cependant des ateliers où le bois est bien travaillé. Après avoir cherché partout pour découvrir des produits de notre ville, j'ai dû me résigner à étudier ceux du dehors.

J'ai rencontré d'abord la belle exposition de parquets en bois mosaïque en ligne droite exécutés par la maison Maibon à l'aide de procédés mécaniques que j'essayerai tout-à-l'heure de décrire.

Mon attention a été ensuite fixée sur les bois de noyer que M. Ignace Silva travaille si méthodiquement et avec tant de perfection dans sa manufacture d'Annecy, pour la composition de ses magnifiques parquets ;

L'assemblage des bois de chêne, de noyer, de cerisier et de platane opéré avec une précision pour ainsi dire mathématique par MM. Tasson et Hasher, de Bruxelles, dans leurs parquets mosaïques à la mécanique, ne m'a pas moins frappé. C'est un modèle de goût, de fini et de variété.

Un manufacturier de Mayence a obtenu la médaille d'or pour le même genre de produits. Cependant, la maison Numeyer, de Vienne (Autriche), semblait avoir porté plus haut encore ces qualités. Il est vrai qu'elle a fait entrer dans ses produits beaucoup de bois des îles.

Je croyais avoir vu ainsi tout ce qui pouvait se faire de mieux dans le travail du bois, lorsque je suis arrivé devant l'exposition de MM. Goyer frères, de Louvain (Belgique). Ce qui est, à mes yeux, un chef-d'œuvre, c'est une chaire à prêcher en simple bois de chêne. Cette œuvre est si bien travaillée, si bien montée, que l'on pourrait croire qu'elle a été taillée dans un bloc massif. Il serait à désirer que l'on eût à Saint-Etienne des mécaniques comme celle qui a accompli ce travail. J'aurais volontiers donné une étrenne au gardien s'il avait voulu me laisser monter par l'un des beaux escaliers qui conduisent dans la chaire. J'aurais voulu voir de près si l'intérieur était aussi bien exécuté que l'extérieur, mais je n'ai pu obtenir la permission.

Les meubles sont représentés avec luxe et profusion dans ce grand concours, et il y aurait beaucoup à dire si l'on pouvait les décrire les uns après les autres; tous sont établis avec un soin et un bon goût parfaits. Il faudrait nommer presque tous les exposants, car ils sont également méritants. Je me bornerai à citer les articles de la maison Bruland, de Paris, qui a obtenu du Jury la médaille de 1re classe.

La menuiserie, surtout pour l'article parquet, se prête admirablement à ce travail mécanique. Après avoir vu les produits achevés, j'ai cherché à me rendre compte des moyens de fabrication.

L'outil le plus généralement employé pour le débit du bois est la scie verticale ou à plusieurs lames. On commence à débiter le bois une première fois à des épaisseurs déterminées pour être séché et ensuite débité en plus petites parties, selon le besoin, ou être fourni et façonné suivant les exigences des meubles auxquels il est destiné.

On procède aux petits découpages des pièces à l'aide de la scie circulaire ou lame sans fin.

La scie circulaire ne peut produire que la ligne droite avec coupe biaise. Elle est employée presque toujours pour la confection des parquets. La scie à lame sans fin se prête mieux à opérer le chantournage et donne au bois des formes variées. Elle est surtout recherchée pour la confection des meubles et objets de décoration. Les tours à moulures, les machines à rainer, à rabotter les parquets, à pousser les moulures longitudinales, les fraises à former les moulures sinueuses, tournant avec une vitesse de 12 à 1500 tours par minute, sont autant d'auxiliaires intelligents et précieux pour la confection des objets de menuiserie

Un procédé très-expéditif pour la fabrication des feuilles de placage est celui dit « à tranche » et qui consiste à enlever en travers, comme avec un rabot, une feuille de bois de 1 millimètre d'épaisseur. Ce moyen donnerait, cela est vrai, plus de rendement de bois que la scie; mais il a un inconvénient très-grand à mes yeux, c'est de dénaturer le bois; car, pour que l'opération du tranchage se fasse bien et facilement, on doit faire d'abord détremper le bloc à découper, et cela durant plusieurs jours, dans de l'eau bouillante afin de le ramollir. Cette opération change complètement la couleur du bois, en mélangeant la teinte sombre et la teinte claire. Ajoutons que par la coupe en travers de la fibre du bois la feuille enlevée est souvent éraillée.

M. MONIER.

FERBLANTERIE.

MONSIEUR,

Voici les observations que j'ai rapportées de l'Exposition où vous avez bien voulu m'envoyer.

L'art de la ferblanterie ne nécessite pas de grandes études scientifiques. Un peu de dessin et de calcul, voilà les connaissances théoriques nécessaires au ferblantier; mais, dans la pratique, il faut travailler beaucoup et longtemps pour acquérir les connaissances requises.

Notre art peut rendre de grands services, même à l'architecture, en remplaçant, par des pièces en zinc ou en cuivre mince, embouti et estempé, les plâtres qui coûtent cher et qui sont, en outre, susceptibles de se détériorer très-vite.

Les moulures et ornements de plâtre ne peuvent d'ailleurs se déplacer et se transporter quand on a besoin de le faire.

Je ne puis parler des exposants de Saint-Etienne puisqu'aucun fabricant n'a pris part à la grande lutte industrielle. Je dois donc me borner à vous signaler ce que j'ai vu de plus nouveau dans les produits exposés.

M. Gradoz, boulevard Richard-Lenoir, à Paris, a exposé une porte d'entrée d'un travail parfait comme main-d'œuvre et disposition architecturale. C'est là, à mon avis, une tentative très-heureuse pour montrer qu'il est possible de remplacer économiquement les plâtres et bois ouvrés par la ferblanterie.

La *Porte d'entrée* de M. Gradoz se compose d'un chapiteau supporté par quatre colonnes. Elle ne mesure pas moins de 7 mètres de hauteur; sa largeur est de 4 mètres.

Pour donner une idée de leurs produits industriels, MM. Garnier, fabricants de métaux dans le département de l'Aveyron, ont fait exécuter par M. Michelet un campanille et kiosque, d'un travail léger, de bon goût et en même temps solide. En présence d'une pareille exécution, l'ouvrier zingueur-plombier ne doit plus douter qu'avec du travail et de la persévérance son métier ne puisse devenir un art sérieusement utile.

MM. Legrand et Corbelet, de Paris, ont exposé deux kiosques à couverture forme écaille supportée par des colonnes. Ce n'est évidemment qu'avec un outillage bien entendu que l'on peut atteindre à cette précision et à ce fini.

MM. Mauduis et Béchet ont donné un specimen des difficultés qui peuvent être vaincues dans un autre genre; c'est la reproduction de fleurs et de figures au moyen de l'assemblage de feuilles de zinc et de cuivre travaillées et repoussées au marteau.

M. Boudoin, zingueur-repousseur, exécute, à l'aide de machines, des travaux de bâtiments d'un fini exempt de reproche. Il a exposé deux lucarnes, des œils-de-bœufs, des châssis, des poinçons, un écusson portant son nom en relief; le tout révélant l'emploi d'instruments ingénieux et l'habileté des ouvriers assembleurs.

Les produits exposés par MM. Japy frères sont d'une autre nature. Ils sont fabriqués en tôle battue et emboutie. La difficulté à vaincre était encore plus grande. Elle donne la mesure des efforts que maîtres et ouvriers ont dû faire pour arriver à produire dans de si bonnes conditions. Il faut donc que les moyens mécaniques jouent un rôle important dans cette fabrication qui unit la régularité à la promptitude.

C'est là, du reste, une impression générale que j'ai emportée de l'Exposition. Dans la plupart des industries, là où il faut de la force et de la régularité, il n'est pas possible de produire aux mêmes prix avec la main des ouvriers. On en reste convaincu à chaque pas en considérant les outils en mouvement dans la grande annexe. Ce n'est pas tout que d'avoir l'intelligence, il faut encore la force, élément que l'homme ne peut produire que d'une manière restreinte par ses membres et sans proportion avec la résistance à vaincre pour l'exécution des travaux actuels de tout genre qu'exigent les besoins de l'industrie moderne, notamment pour l'élaboration des métaux. L'intelligence et l'adresse de l'homme trouveront, d'ailleurs, toujours un emploi et même plus élevé que dans les fonctions qui demandent surtout un développement de force physique.

La Prusse a fait une autre application de l'art du zingueur à la production de monuments tumulaires. Les tombes ont, en général, des dimensions restreintes. La pierre, le bois, le plâtre s'altèrent. Le métal revêtu de peinture peut avoir une durée bien plus longue.

L'Autriche pousse encore plus loin l'industrie dont je m'occupe. Elle l'applique à des lignes architecturales plus importantes, dont un temple et une chaise royale en zinc repoussé et embouti permettent d'apprécier l'effet. Je n'ai pas pu voir d'assez près ces deux specimens; autant que j'en ai pu juger, ils sont plus soignés comme travail que comme goût.

Francisque TOUSSAINT,
Ferblantier.

TABLE DES MATIÈRES.

St-Etienne, imp. v^e Théolier et Cie

www.ingramcontent.com/pod-product-compliance
Ingram Content Group UK Ltd.
Pitfield, Milton Keynes, MK11 3LW, UK
UKHW031050260726
13965UKWH00006B/1334